O manifesto comunista

Karl Marx e Friedrich Engels

O manifesto comunista

Prefácio, preparação e notas de Sabrina Fernandes

Tradução de Maria Lucia Como

12ª edição

Paz & Terra
Rio de Janeiro
2025

Copyright © Editora Paz e Terra, 1998

Projeto gráfico de miolo: Abreu's System
Projeto gráfico de capa: BR75 | Luiza Aché

Direitos de tradução da obra em língua portuguesa no Brasil adquiridos pela EDITORA PAZ E TERRA. Todos os direitos reservados. Nenhuma parte desta obra pode ser apropriada e estocada em sistema de bancos de dados ou processo similar, em qualquer forma ou meio, seja eletrônico, de fotocópia, gravação etc., sem permissão do detentor do copyright.

EDITORA PAZ & TERRA
Rua Argentina, 171 – Rio de Janeiro, RJ – 20921-380 – Tel.: (21) 2585-2000.

Seja um leitor preferencial Record.
Cadastre-se e receba informações sobre nossos lançamentos e nossas promoções.

Atendimento e venda direta ao leitor:
sac@record.com.br

CIP-BRASIL. CATALOGAÇÃO NA PUBLICAÇÃO
SINDICATO NACIONAL DOS EDITORES DE LIVROS, RJ

M355m

Marx, Karl, 1818-1883
 O manifesto comunista / Karl Marx, Friedrich Engels; [tradução Maria Lucia Como]. – 12. ed. – Rio de Janeiro: Paz e Terra, 2025.

Tradução de: das Kommunistische manifest
ISBN 978-65-5548-018-4

1. Comunismo. 2. Socialismo. I. Engels, Friedrich. II. Como, Maria Lucia. III. Título.

21-73287

CDD: 335.422
CDU: 330.85

Meri Gleice Rodrigues de Souza – Bibliotecária – CRB-7/6439

Impresso no Brasil
2025

SUMÁRIO

Prefácio de Sabrina Fernandes   7

Introdução   23

1. Burgueses e proletários   25
2. Proletários e comunistas   45
3. Literatura socialista e comunista   61
   - I. Socialismo reacionário   61
   - II. Socialismo conservador ou burguês   69
   - III. Socialismo e comunismo crítico-utópicos   71
4. Posição dos comunistas em relação aos vários partidos de oposição existentes   77

PREFÁCIO

Sabrina Fernandes

INDEPENDENTEMENTE DAS OPINIÕES e afetos pessoais que são despertados pela obra, *O manifesto do Partido Comunista* ou *O manifesto comunista* é um dos textos mais relevantes dos últimos séculos. Em 1847, Karl Marx e Friedrich Engels, ainda no começo de suas vidas políticas e de seus desenvolvimentos teóricos, receberam a tarefa de unificar demandas e visões em uma plataforma geral para a Liga dos Comunistas. O texto, que foi redigido e publicado nos primeiros meses de 1848, se difere em estilo de tantos outros manuscritos dos autores — uma produção extensa de obras que ainda estão sendo propriamente compiladas e catalogadas no projeto MEGA, Marx-Engels-Gesamtausgabe. Diferentemente do célebre primeiro volume de *O capital*, publicado por Marx em 1867, ou do aguçado *Anti-Dühring* de Engels, de 1878, *O manifesto comunista* se encarrega de comunicar a missão do proletariado para derrubar e superar o capitalismo com linguagem mais agitadora, própria para transcender os círculos daqueles dedicados à produção intelectual. É certo que esse objetivo foi cumprido, já que

O MANIFESTO COMUNISTA

O manifesto comunista é lido até hoje nos mais variados contextos, por entusiastas do comunismo e, também, por anticomunistas ávidos, embora seja minha opinião que a maioria dos anticomunistas assim o são justamente porque não se dispuseram a compreender o manifesto — e tantos outros textos que comunicam o horizonte comunista —, para além do pânico gerado por resumos e distorções tão fortemente propagados em nossa época.

Após a publicação do original em alemão, *O manifesto comunista* foi gradualmente traduzido para diversas outras línguas, seguindo a demanda de inspirar e organizar a classe proletária. É fato que a tradução para o inglês de Samuel Moore recebeu destaque especial, principalmente porque Engels a revisou e aprovou, acrescentando importantes notas de rodapé, e porque Moore tinha também experiência nas tarefas de tradução de *O capital*. Juntas, as traduções auxiliaram e ainda hoje auxiliam na formação política e na organização militante de movimentos de trabalhadores ao redor do mundo, inclusive aqueles que levaram a rupturas radicais e revolucionárias. O texto do século XIX trouxe indicadores da maturação do método marxista, o materialismo histórico e dialético de Marx e Engels, ao mesmo tempo em que condensa algumas das polêmicas dos autores com outros "socialistas" que negavam o caráter imperativo da revolução, o que torna sua leitura essencial até hoje, uma vez que as controvérsias sobre o rumo da revolução não estão superadas.

No desfecho do século XX, cientistas políticos anunciavam também "o fim da história". A colocação de Francis

PREFÁCIO

Fukuyama, em 1989, de que a conclusão da Guerra Fria também marcaria o fim da história, situação vista como o ponto de chegada da humanidade à "universalização da democracia liberal ocidental".[1] Não é preciso ser comunista para constatar quão errado estava Fukuyama, afinal, as lutas do século XXI apontam cada vez mais as fraquezas da democracia liberal e sua tolerância inicial (e até mesmo parcial) em relação ao surgimento e ressurgimento de movimentos fascistas. A crise ecológica global revela o caos resultante da normalização do capitalismo e sua sede de acumulação por parte dos regimes liberais ocidentais. A superexploração de trabalhadores nos países periféricos que seguem empobrecidos em favor do enriquecimento dos países chamados "desenvolvidos", assim como a precarização de trabalhadores, mesmo nos Estados Unidos em que são até hoje perseguidos por tentarem a sindicalização, demonstram claramente que não estamos no fim da história. A história, como Marx e Engels apontam após a introdução de *O manifesto comunista*, é a história da luta de classes e ela segue acirrada. Mesmo quando o capitalismo apazigua o movimento de trabalhadores através de ideologias consumistas e neoliberais ou pela imposição do medo, a luta de classes não deixa de existir. Enquanto houver a contradição da exploração de uma maioria para o enriquecimento de uma minoria, o antagonismo entre essas classes permanece na panela de pressão da história.

---

[1] Francis Fukuyama, "The End of History?", *Center for the National Interest*, n. 16, 1989, p. 4.

Evidência notável desse antagonismo é o desabrochamento de contradições de extremos no período da pandemia de Covid-19 a partir de 2020. Milhões de mortes em decorrência do vírus e as crises política e econômica em diversos países ocorreram ao mesmo tempo em que bilionários bem estabelecidos ficaram mais bilionários ainda, e outros novos bilionários surgiram. No caso brasileiro, a performance do agronegócio foi um sucesso enquanto mais e mais brasileiros caíram em contexto de insegurança alimentar e fome. As aventuras de bilionários na exploração espacial foram celebradas apesar do enorme desperdício de recursos e do impacto ecológico geral de seus respectivos negócios privados. A falta de vacinas para a maior parte da população do planeta não foi suficiente para quebrar patentes e tornar o direito à imunização realmente universal. A universalização da democracia liberal ocidental prevista por Fukuyama nada mais é que a universalização de contextos de desamparo, insegurança, golpes, crescente autoritarismo, mortes e crises diversas.

Na história da luta de classes muito se repete, mas não se trata de cópias. O desenvolvimento de novas condições materiais proporcionadas pelas novas tecnologias, tipos de governo, formas de comunicação, expansões territorial e biológica, descobertas científicas e o legado dos conflitos sociais fazem com que os desafios da sociedade hoje tenham aparência e peculiaridades diferentes daquelas da época de Marx e Engels. Contudo, a essência da divisão entre oprimidos e opressores é perpetuada, salvo algumas interrupções em períodos e experiências revolucionárias pós-capitalistas. A burguesia e o

PREFÁCIO

proletariado são classes diferentes do senhor feudal e do conjunto de servos, mas anbas relações representam exploração e dominação através da propriedade que são extrapoladas para os regimes formais de governo em cada sociedade.

A burguesia e o proletariado também tomam formas distintas no século XXI, quando, por exemplo, examinamos o impacto do trabalho remoto nas funções de trabalho e o tempo destinado a trabalhar versus o tempo de descanso e lazer. O poder ideológico ligado ao capitalismo de plataforma faz com que trabalhadores precarizados, sem garantia de contratos e direitos trabalhistas perante a lei de cada estado, tentem se enxergar como empresários autônomos, donos de si mesmos, que fazem sua própria jornada diária. Esses trabalhadores se reconhecem menos como parte de um sujeito coletivo, o que reduz a capacidade de transformar o antagonismo de classes em movimentos organizados contra o sistema vigente. A isso se soma a tragédia de partidos e organizações de esquerda que, como explica a professora Virgínia Fontes, parecem promover uma "aceitação tácita do capitalismo como insuperável".[2] Urge então o resgate da utopia concreta de *O manifesto comunista*, onde o capitalismo é visto como um poderoso titã, de enorme potencial transformador de sociedades e paisagens, mas ainda assim derrotável pelas classes exploradas.

O manifesto comunista possui um claro chamado para a derrubada do capitalismo, porém, o compromisso científico

---

2 Virgínia Fontes, "Capitalismo em tempos de uberização: do emprego ao trabalho", *Marx e o Marxismo-Revista do NIEP-Marx*, v. 5, n. 8, 2017, p. 64.

de Marx e Engels rejeita uma análise apenas moralizante dos males do capitalismo. Estes estão presentes, mas os autores não negam o papel que a burguesia teve em alterar matrizes políticas e econômicas para derrotar de vez o sistema feudal. É nesse sentido que eles abordam o papel "revolucionário" da burguesia, o que não deve ser confundido com o papel revolucionário do proletariado, este sim voltado para emancipação e progresso real da humanidade. Enquanto a burguesia revolucionou o sistema para se estabelecer como classe dominante, a revolução proletária visa à eliminação de classes de uma vez por todas. Toda a grandiosidade promovida sob a política burguesa preza pela exploração e destruição que a acompanha e, portanto, exige um esforço de unidade trabalhadora de grandiosidade tamanha ou igual. Embora *O manifesto comunista* não traga um esboço dos passos para a revolução — o que seria impossível dada a diferença de contexto social em cada momento revolucionário —, há nele o entendimento de que a burguesia só conseguiu se estabelecer porque não se contentou em apenas substituir a nobreza, mas se organizou para superá-la. O que pode soar como um tom elogioso de Marx e Engels à capacidade de realização da burguesia é, na realidade, indicador da grandeza em ambição e ação que se espera dos comunistas na transição para o sistema socialista (que se desenvolve, consequentemente, como transição para o comunismo). É ingênuo acreditar que bastaria retirar o sistema capitalista e implementar outro no lugar. Uma ruptura revolucionária exige a criação de condições materiais que sustentem a nova sociedade e que façam do capitalismo realmente indesejável, antiquado e coisa do passado.

De fato, existe uma polêmica entre marxistas sobre como trechos de *O manifesto comunista* demonstrariam certa "admiração" ao sistema capitalista nos eixos de desenvolvimento e tecnologia. No campo da ecologia marxista, há quem debata que o manifesto possa até mesmo ser antiecológico, afinal, a afirmação de que a burguesia "criou forças produtivas mais maciças e colossais do que todas as gerações precedentes juntas" (p. 32) escaparia do reino da constatação para o campo do prometeanismo e a associação, a qual precisamos refletir, do desenvolvimento com um progresso modernizador e transformador em larga escala.

Há, claro, uma questão referente à linguagem e outra, referente à situação do pensamento crítico da época. John Bellamy Foster aponta que Marx e Engels comumente aderiam a termos como *dominação* e *conquista* quando tratavam da natureza, cacoetes típicos da modernidade, porém sem atribuir à natureza status inerente de inferioridade.[3] Nos *Manuscritos econômico-filosóficos*, relevantes mesmo se tratando de rascunhos de ideias incompletas de Marx, ele fez associações entre o comunismo, o humanismo e o naturalismo, trazendo ali uma proposta de reconciliação entre a atividade humana e a natureza, que seriam posteriormente abordadas na discussão de reino da liberdade no volume 3 de *O capital*:

---

[3] John Bellamy Foster, "The Communist Manifesto and the Environment", *Socialist Register*, n. 34, 1998, p. 170.

À medida de seu desenvolvimento, amplia-se esse reino da necessidade natural, porquanto se multiplicam as necessidades; ao mesmo tempo, aumentam as forças produtivas que as satisfazem. Aqui, a liberdade não pode ser mais do que fato de que o homem socializado, os produtores associados, regulem racionalmente esse seu metabolismo com a natureza, submetendo-o a seu controle coletivo, em vez de serem dominados por ele como por um poder cego; que o façam com o mínimo emprego de forças possível e sob as condições mais dignas e em conformidade com sua natureza humana. Mas este continua a ser sempre um reino da necessidade.[4]

Esse trecho é relevante para a nossa discussão de *O manifesto comunista* porque demonstra a síntese entre a visão do naturalismo nos *Manuscritos...*, em 1844, e o argumento do desenvolvimento das forças produtivas em *O manifesto...*, em 1848, onde Marx e Engels escreveram que cabia ao proletariado "aumentar o total de forças produtivas tão rápido quanto possível" (p. 56). A olho nu, percebe-se uma contradição. Como regular racionalmente o nosso metabolismo social com a natureza se incentivamos uma grande aceleração produtiva? Aqui voltamos para a consideração das condições de produção do século XIX, ainda em 1848, e a preocupação geral com o atendimento das necessidades urgentes de aumento de melhoria de vida e soberania produtiva num período revolucionário. Não havia Amazon naquela época e

---

4 Karl Marx, *O capital, Livro 3: crítica da economia política*, Boitempo, 2017.

PREFÁCIO

era possível que um dos grandes desafios de uma revolução fosse justamente o atendimento interno às necessidades e ao desenvolvimento de autonomia produtiva, já que é sabido que estados capitalistas boicotam e sancionam estados socialistas, limitando o acesso a recursos e até mesmo a outros estados aliados. Por mais que esse fim específico não tenha ficado totalmente claro no texto, propiciando um tom produtivista às tarefas revolucionárias, sabemos que os autores enfatizam em outras obras sua preocupação com a natureza, bem como fizeram Engels, em *Dialética da natureza,* e Marx, que declarou ser a natureza "a fonte dos valores de uso (e é em tais valores que consiste propriamente a riqueza material!)", em 1875, na *Crítica do programa de Gotha*.[5]

Fica posta a necessidade de ler *O manifesto comunista* dentro de um contexto geral, o que demanda não apenas considerações sobre o momento preciso de desenvolvimento capitalista em que os autores se situavam, mas também sobre os objetivos e limites de um texto que visava a comunicar teoria, programa e ainda agitar a classe trabalhadora ao mesmo tempo. É preciso ter isso em vista para evitar extrair trechos específicos sem considerar o restante do manifesto tanto quanto para tratar a obra como se estivesse isolada do desenvolvimento do método marxista e das análises que Marx e Engels desenvolveram antes e depois de sua publicação. Enquanto Marx e Engels observam a constituição de classes no capítulo Burgueses e proletários, é na parte seguinte,

---

5 Karl Marx, *Crítica do programa de Gotha*, Boitempo, 2015.

Proletários e comunistas, que encontramos mais sobre o que fazer diante da situação concreta de luta de classes. Se antes os autores argumentam que, no capitalismo, o proletário se torna praticamente um apêndice do maquinário — o que já afasta a interpretação de uma visão romântica da mecanização —, depois, tratam das tarefas comunistas, entre elas a abolição da propriedade burguesa e do tipo de trabalho cujo caráter capitalista faz com que o trabalhador viva "meramente, para aumentar capital e permite-lhe viver somente o quanto o interesse da classe governante requer" (pp. 48-49).

É claro que isso não impede a leitora e o leitor de iniciar sua compreensão do marxismo e do comunismo via *O manifesto...*, muito pelo contrário, já que a linguagem propositiva, agitadora e voltada para a ação proletária facilita o ingresso no terreno vasto das obras de Marx e Engels. Para quem nunca leu qualquer texto marxista, *O manifesto comunista* surge como oportunidade de conhecer a indignação e a ousadia da utopia concreta comunista logo de uma vez, mesmo que não seja possível tomá-lo como fonte suficiente para afirmar conhecimento sobre todas as questões abordadas pelo texto. O que gera alarme é precisamente a recusa de muitos que já decidiram, por crenças externas, rejeitar todo o pensamento marxista e, por isso, se atrevem a explicar o comunismo sem ao menos um olhar cuidadoso para o teor do manifesto que, gostem ou não, está entre as obras mais lidas do mundo de todos os tempos e foi até mesmo inscrito no prestigioso Registro da Memória do Mundo da Unesco, junto ao livro 1 de *O capital*.

PREFÁCIO

A recusa de leitura alimenta o preconceito teórico com o marxismo, pois é interessante constatar que há no manifesto evidência direta contrária a muitos argumentos falsos divulgados sobre o comunismo. Há muitos que acreditam que a proposta comunista se baseia em suposta propagação da pobreza e rejeição a bens de consumo. Estranhamente, associam o capitalismo à abundância material plena e o comunismo, à escassez. Tal associação revela a ausência da leitura de classe, desigualdade e concentração de propriedade na sociedade.

Se voltamos à análise da era de extremos em que vivemos, da fome em um país que exporta comida, de bilionários que passeiam pelo espaço enquanto seus funcionários não conseguem pagar aluguel, somos obrigados a diferenciar o potencial real do capitalismo de explorar pessoas e natureza, para produzir enormes quantidades de coisas e serviços, do que viria a ser abundância. A realidade capitalista é produtivista e consumista. O sistema é movido pela sede de acumulação de capital, voracidade que se traduz também em poder político nas instituições do Estado, o qual, por sua vez, precisa produzir e moldar uma demanda máxima de consumo. Isso carrega algumas contradições. Uma delas é evidentemente ecológica, já que os recursos da natureza são finitos e também são prejudicados pela geração de resíduos que podem poluir os biomas por alguns anos ou por milênios. Outra contradição reside no fato de que, apesar de incentivar o consumo descontrolado, o capitalismo não permite o proveito para todos. O segredo do sistema é fazer com que mais e mais pessoas se sintam felizes apenas através do consumo de bens e serviços, por mais inúteis e feios que alguns sejam, enquanto a maior parcela dessas pessoas não consegue acessar nem as margens desses bens e serviços, pois são exploradas com baixos salários e pagamentos para garantir o grande objetivo de maximização no capitalismo: a mais-valia, o valor gerado pelo trabalho do proletariado que é apropriado pela burguesia em sua sanha acumuladora.

É por isso que Marx e Engels afirmam claramente que não são os comunistas que querem impedir que as pessoas tenham bens, mas sim os próprios capitalistas. A abolição da propriedade almejada pelos comunistas se dedica à propriedade privada burguesa; ou seja, deseja-se abolir o tipo de propriedade de cunho exclusivo que permite que uma minoria enriqueça ao comprar, a preços geralmente muito baixos, a força de trabalho da classe majoritária. A abolição é direcionada para o caráter privado e burguês da propriedade e não corresponde, por exemplo, à eliminação da fábrica ou do maquinário em si, mas da condição que torna a fábrica e o maquinário propriedades privadas burguesas usadas para garantir que o trabalhador, se desejar sobreviver, tenha que vender sua força de trabalho aos donos dessa propriedade. O objetivo, portanto, é abolir o caráter burguês a favor de um caráter socialista, onde a propriedade seja desfrutada pelos trabalhadores associados a ela em responsabilidade com a comunidade e a sociedade em geral. Com o fim da concentração exacerbada de riqueza através da concentração da propriedade privada, mais e mais trabalhadores terão condições de acessar os bens que são fruto do seu trabalho ou de outros. Quão

PREFÁCIO

útil seria então se aqueles que, desde a época do manifesto, acusam comunistas de impedir o acesso a bens lessem as passagens em que Marx e Engels explicitamente afirmam o status de escassez do trabalhador comum sob o capitalismo, em contraste à proposta comunista de ampliação do modo de vida de quem trabalha, como em:

> Na sociedade burguesa, trabalho para viver não passa de um meio de aumentar o trabalho acumulado. Na sociedade comunista, trabalho acumulado não passa de um meio de ampliar, enriquecer, promover a existência do trabalhador (p. 49).

Como estamos longe do fim da história, como as formas de exploração se diversificaram e se ampliaram, como o sistema capitalista evoluiu em criatividade para convencer trabalhadores, contra seu interesse de classe autêntico, de que basta se esforçar para "vencer na vida", o debate de *O manifesto comunista* mantém sua relevância e urgência. Os esforços ideológicos capitalistas são tamanhos que ensinam que não se deve reclamar, mas sim encontrar felicidade no trabalho explorado. Empresas se reformulam e dizem que seus empregados são como uma família, mas quem lucra e compra um jatinho particular no final do ano é a família do grande empresário, não do empregado. Existe também a versão Vale do Silício, onde espaços de trabalho perdem elementos da estética opressora e passam a incluir mesas de jogos, lanches durante o dia, e os funcionários não precisam mais bater ponto de entrada e saída. Porém, os valores da competitividade e de pertencimento ao sucesso da empresa fazem com que a distinção entre lazer e trabalho colapse para o lado do trabalho explorado e jornadas empregatícias se alarguem porque há prazer ou expectativa própria em permanecer mais e mais tempo na empresa.

Entre os temas abordados em *O manifesto...*, vale acrescentar que, apesar de não constar um desenvolvimento a fundo sobre gênero, raça e sexualidade, seja por limites da época, pelo propósito sucinto do texto ou pela priorização das temáticas por Marx e Engels, percebe-se o reconhecimento do aspecto colonial do capitalismo e como o papel e existência das mulheres também são subjugados pelo sistema ao ponto de influenciar até mesmo as relações pessoais. Essas contradições se acirraram com a globalização, deixando cada vez mais explícito como, em muitos casos, o conforto mínimo de uma camada de trabalhadores nos países centrais do capitalismo se dá em contraste à pauperização de trabalhadores racializados em seus próprios países e nos países periféricos. Isso nos permite abrir os olhos da desconfiança para alguns discursos que propagam que a opressão de mulheres pode ser vencida dentro do capitalismo, pois hoje mulheres burguesas ocupam, em certo nível, presidências de empresas e nações. O caráter revolucionário de *O manifesto comunista*, que expõe como o capitalismo necessita da exploração de uma maioria, age como filtro contra discursos simplistas acerca de representatividade no sistema. Se o objetivo realmente é a emancipação da maioria, não há sentido em desbravar

PREFÁCIO

obstáculos apenas para chegar ao topo da pirâmide e ocupar o "privilégio" de explorar seus antigos vizinhos na base. Ao permitir que mulheres, indígenas, pessoas negras, LGBTQIA+ e com deficiência ocupem posições de poder na hierarquia capitalista, o sistema não se torna mais inclusivo e sim mais efetivo. Angela Davis chama isso de "administração da diversidade" ao explicar como gestores de presídios descobriram ganhos em eficiência na incorporação de "homens de cor e mulheres de todas as raças" nos espaços de poder.[6] Aqui não vemos um caráter progressista do capitalismo, mas sim oportunista e perigoso que tenta nos distrair da máxima da solidariedade e consciência de classe.

A complexidade de relações no capitalismo do século XXI, com bilhões de trabalhadores a mais na Terra, mostra que, até mesmo quando Marx e Engels polemizam com outras linhas "socialistas" na terceira parte do manifesto, o debate segue necessário. Há fatalismo nas organizações de esquerda que tratam o capitalismo como inevitável e força infalível. Estranhamente, enquanto capitalistas pregam o fim da história, há progressistas e até mesmo socialistas reformistas que parecem ter aceitado o fim do mundo. Por isso, não estranhemos que a mensagem de ação concreta que finaliza o manifesto não seja feita diretamente a partidos e seus presidentes, em vez disso, há uma convocação destinada a toda a classe trabalhadora. Essa postura serve também como lembrete da força que os

---

6 Angela Davis e Gina Dent, "A prisão como fronteira: uma conversa sobre gênero, globalização e punição", *Revista Estudos Feministas*, v. 11, n. 2, 2003, p. 529.

trabalhadores têm como sujeitos da revolução que devem rejeitar as tentativas de cooptação do capitalismo para fazer do cansaço combustível de luta. As crises de nosso tempo se acirram e não há escolha que não passe pela união dos trabalhadores.

INTRODUÇÃO

Um espectro ronda a Europa: o espectro do comunismo. Todos os poderes da antiga Europa uniram-se numa caçada demagógica ao espectro: o papa e o czar, Metternich e Guizot, os radicais franceses e os espiões da polícia alemã.

Onde está o partido de oposição que não foi denunciado como comunista por seus oponentes no poder? Onde está a oposição que, uma vez rotulada como comunista, não devolveu tal acusação aos partidos de oposição mais avançados e até mesmo aos seus adversários reacionários?

Deste fato resultam duas coisas:

1) o comunismo já foi reconhecido por todos os poderes europeus como um poder;
2) já é hora de os comunistas publicarem abertamente suas opiniões, suas metas, suas tendências, para o mundo inteiro, e enfrentar a lenda do espectro do comunismo com um manifesto do próprio partido.

Com este fim, comunistas de várias nacionalidades fizeram uma assembleia em Londres e esboçaram o seguinte manifesto, para ser publicado em inglês, francês, alemão, italiano, flamengo e dinamarquês.

1. BURGUESES E PROLETÁRIOS[1]

A HISTÓRIA DE todas as sociedades que já existiram[2] é a história de luta de classes.

Homem livre e escravo, patrício e plebeu, senhor e servo, mestre de corporação[3] e assalariado; resumindo, opressor e

---

[1] Burguesia significa a classe dos capitalistas modernos, que possuem meios da produção social e empregados assalariados. Proletariado, a classe dos trabalhadores assalariados modernos que, por não ter meios de produção próprios, são reduzidos a vender a própria força de trabalho para poder viver [Engels, edição em inglês, 1888].
[2] Ou seja, toda a História escrita. Em 1847, na pré-História da sociedade, a organização social existente antes da história documentada era bastante desconhecida. Desde então, Haxthausen descobriu a propriedade comum da terra na Rússia. Maurer provou que isso foi uma das fundações sociais da qual todas as raças teutônicas começaram na História e, aos poucos, descobriu-se que as comunidades de aldeias eram, ou haviam sido, a forma primitiva da sociedade por toda a parte, da Índia à Irlanda. A organização interna dessa sociedade comunista primitiva foi posta à mostra, na sua forma típica, pela descoberta de Morgan da natureza verdadeira dos clãs e suas relações com a tribo. Com a dissolução dessas comunidades primitivas, a sociedade começa a ser distinguida em classes separadas e, por fim, antagônicas. Tentei reconstituir este processo de dissolução em *A origem da família, da propriedade privada e do Estado*, 5ª edição, Rio de Janeiro: Best Bolso, 2020 [Engels, edição em inglês, 1888, e edição em alemão, 1890, adaptada].
[3] Chefe de grupo, ou seja, um membro efetivo de um grupo, e não o presidente [Engels, edição em inglês, 1888].

oprimido estiveram em constante oposição um ao outro, mantiveram sem interrupção uma luta por vezes aberta — uma luta que todas as vezes terminou com uma transformação revolucionária ou com a ruína das classes em disputa.

Nos primeiros tempos da História, por quase toda parte, encontramos uma disposição complexa da sociedade em várias classes, uma variada gradação de níveis sociais. Na Roma Antiga, temos patrícios, cavaleiros, plebeus, escravos. Na Idade Média, senhores feudais, vassalos, chefes de corporação, assalariados, aprendizes, servos. Em quase todas estas classes, mais uma vez, gradações secundárias.

A sociedade burguesa moderna, que brotou das ruínas da sociedade feudal, não aboliu os antagonismos de classes. Estabeleceu novas classes, novas condições de opressão, novas formas de luta no lugar das antigas.

Nossa época — a época da burguesia — distingue-se, contudo, por ter simplificado os antagonismos de classe. A sociedade divide-se cada vez mais em dois grandes campos inimigos, em duas classes que se opõem frontalmente: burguesia e proletariado.[4]

---

[4] Embora o avanço capitalista gere camadas de renda e poder de consumo diversas na sociedade contemporânea, a exclusão baseada na posse da propriedade privada dos meios de produção continua como marco central da separação entre quem precisa vender sua força de trabalho para viver ou sobreviver e aqueles que usufruem do acúmulo de capital ao comprar a força de trabalho alheia. O antagonismo central de classe é visível no contraste entre o surgimento de novos bilionários e o enriquecimento exorbitante dos bilionários já existentes, ao mesmo tempo em que a massa de trabalhadores continua a enfrentar os problemas da fome, falta de moradia e saúde precária [*N. da E.*].

BURGUESES E PROLETÁRIOS

Dos servos da Idade Média surgiram os burgueses privilegiados das primeiras cidades; a partir dessas primeiras cidades burguesas desenvolveram-se os primeiros elementos da burguesia.

O descobrimento da América e a circum-navegação da África prepararam o terreno para a recém-surgida burguesia. As Índias Orientais e os mercados chineses, a colonização da América, o comércio com as colônias, o aumento dos meios de troca e das mercadorias em geral deram ao comércio, à navegação, à indústria um impulso nunca antes conhecido e, desse modo, um desenvolvimento rápido ao elemento revolucionário na sociedade feudal esfacelada.

O sistema feudal de indústria, sob o qual a produção industrial era monopolizada por corporações fechadas,[5] já não bastava mais para a demanda em crescimento dos novos mercados. O sistema de manufatura veio ocupar este posto. Os mestres de corporação foram afastados pela classe média manufatureira; a divisão de trabalho entre os vários grupos corporativos desapareceu com a divisão de trabalho em cada oficina.

Nesse meio-tempo, os mercados continuaram sempre a crescer, a demanda sempre a aumentar. A manufatura já não era suficiente. Em consequência disso, o vapor e as máquinas revolucionaram a produção industrial. O lugar da manufatura foi tomado pela gigantesca indústria moderna; o lugar da

---

5 Nesta tradução, *corporação fechada* abrange as organizações de guildas, agrupamentos ou associação de produtores com interesses comuns, por exemplo, mercadores, artesãos e artistas [*N. da E.*].

classe média industrial, pelos milionários da indústria, líderes de todo o exército industrial, os burgueses modernos.

A indústria moderna estabeleceu o mercado mundial, para o qual a descoberta da América abrira caminho. Este mercado desenvolveu enormemente o comércio, a navegação, a comunicação por terra. Este crescimento afetou novamente a extensão da indústria; e, na mesma medida em que a indústria, o comércio, a navegação e as estradas de ferro se estendiam, a burguesia se desenvolvia, aumentava o seu capital e deixava para trás todas as classes provenientes da Idade Média.

Vemos, portanto, como a burguesia moderna é, ela mesma, produto de um longo curso de desenvolvimentos, de uma série de revoluções nos modos de produção e de troca.

Cada passo no desenvolvimento da burguesia foi acompanhado por um avanço político correspondente. Uma classe oprimida sob a autoridade da nobreza feudal, uma associação autogovernada na comuna medieval.[6] Aqui, uma república urbana independente (como na Itália e na Alemanha); ali, o "Terceiro Estado" da monarquia, sujeito a impostos (como na França). Depois, no período da manufatura propriamente dita, servindo à monarquia semifeudal ou à monarquia absoluta como um contraponto à nobreza e, na verdade, pedra fundamental das grandes monarquias em geral. A burguesia,

---

6 *Comunne* (comuna) foi o nome usado, na França, pelas cidades nascentes, antes mesmo de terem conquistado de seus senhores feudais o autogoverno e os direitos políticos como o Terceiro Estado. Falando de modo geral, pelo desenvolvimento econômico da burguesia, a Inglaterra foi considerada o país típico; e pelo desenvolvimento político, a França [Engels, edição em inglês, 1888].

afinal, com o estabelecimento da indústria moderna e do mercado mundial, conquistou para si própria, no Estado representativo moderno, poder político exclusivo. O Poder Executivo do Estado moderno não passa de um comitê para gerenciar os negócios comuns de toda a burguesia.

A burguesia, historicamente, cumpriu um papel extremamente revolucionário.

Sempre onde chegou ao poder, a burguesia destruiu todas as relações feudais, patriarcais e idílicas. Impiedosamente, rompeu os laços feudais heterogêneos que ligavam o homem aos seus "superiores naturais" e não deixou restar vínculo algum entre um homem e outro além do interesse pessoal estéril, além do "pagamento em dinheiro" desprovido de qualquer sentimento. Afogou os êxtases mais celestiais do fervor religioso, do entusiasmo cavalheiresco, do sentimentalismo filisteu, nas águas geladas do calculismo egoísta. Converteu mérito pessoal em valor de troca. E, no lugar das incontáveis liberdades reconhecidas e adquiridas, implantou aquela liberdade única e sem caráter: a liberdade do mercado. Em uma palavra, substituiu a exploração mascarada por ilusões religiosas e políticas, pela exploração aberta, descarada, direta e brutal.

A burguesia despiu de sua auréola toda ocupação que era até agora honrada e admirada com respeito reverente. Converteu o médico, o advogado, o padre, o poeta e o cientista em seus operários assalariados. Ela arrancou da família o seu véu sentimental e reduziu a relação familiar a uma mera relação de dinheiro. A burguesia revelou como a demonstração brutal de força, tão admirada pelos reacionários da Idade Média, pôde encontrar seu complemento perfeito na preguiça mais indolente. Foi a primeira a dar provas do que a atividade humana pode empreender. Realizou maravilhas que superaram de longe as pirâmides egípcias, os aquedutos romanos e as catedrais góticas; conduziu expedições que puseram na sombra todos os êxodos anteriores de nações e cruzadas.

A burguesia não pode existir sem revolucionar, constantemente, os instrumentos de produção e, desse modo, as relações de produção e, com elas, todas as relações da sociedade. A conservação dos antigos modos de produção de forma inalterada era, pelo contrário, a primeira condição de existência de todas as antigas classes industriais. A revolução constante da produção, os distúrbios ininterruptos de todas as condições sociais, as incertezas e agitações permanentes distinguiram a época burguesa de todas as anteriores. Todas as relações firmes, sólidas, com sua série de preconceitos e opiniões antigas e veneráveis foram varridas, todas as novas tornaram-se antiquadas antes que pudessem ossificar. Tudo o que é sólido desmancha-se no ar, tudo o que é sagrado é profanado, e os homens são, por fim, compelidos a enfrentar de modo sensato suas condições reais de vida e suas relações com seus semelhantes.

A necessidade de um mercado em expansão constante para seus produtos persegue a burguesia por toda a superfície do globo. Precisa instalar-se em todos os lugares, acomodar-se em todos os lugares, estabelecer conexões em todos os lugares.

A burguesia, por meio de sua exploração do mercado mundial, deu um caráter cosmopolita para a produção e o consumo em todos os países. Para grande desgosto dos reacionários, arrancou a base nacional debaixo dos pés da indústria. As indústrias nacionais antigas foram destruídas ou seguem sendo destruídas dia após dia. Elas são desalojadas por novas indústrias, cuja introdução torna-se questão de vida e morte para todas as nações civilizadas; por indústrias que não mais trabalham com matéria-prima nacional, mas matéria-prima extraída de zonas remotas; cujos produtos são consumidos não só no próprio país, mas em todos os cantos do globo. Em lugar das antigas necessidades, satisfeitas pela produção do país, encontramos novas necessidades, exigindo para satisfazê-las produtos de terras e climas distantes. No lugar da antiga reclusão e autossuficiência local e nacional, temos conexões em todas as direções, uma interdependência universal das nações. E tanto em produção material como em produção intelectual. As criações intelectuais de nações individuais tornam-se propriedade comum. A parcialidade e a mentalidade tacanha nacional tornam-se sempre mais impossíveis e, das numerosas literaturas nacionais e locais, forma-se uma literatura universal.

A burguesia, pelo aperfeiçoamento rápido de todos os instrumentos de produção, pelos meios de comunicação imensamente facilitados, arrasta todas as nações, até a mais bárbara, para a civilização. Os preços baratos de suas mercadorias são a artilharia pesada com a qual derrubam até mesmo a Muralha da China, com a qual forçam a capitulação do ódio intenso e obstinado dos bárbaros contra os estrangeiros. Compele todas as nações, sob pena de extinção, a adotar o modo de produção burguês. Compele-as a introduzirem o que chama de civilização no seu meio, ou seja, a se tornarem burguesas. Resumindo, cria um mundo à sua imagem.

A burguesia subjugou o país às leis das cidades. Criou cidades enormes; aumentou em grande escala a população urbana, se comparada à rural, e, assim, resgatou uma considerável parte da população da idiotia da vida rural. Do mesmo modo como tornou o país dependente das cidades, tornou países bárbaros e semibárbaros dependentes dos países civilizados, nações de camponeses dependentes de nações burguesas, o Oriente dependente do Ocidente.

A burguesia coloca obstáculos cada vez maiores à dispersão da população, dos meios de produção e da propriedade. Aglomerou populações, centralizou meios de produção e concentrou a propriedade em algumas poucas mãos. A consequência necessária disto foi a centralização política. Províncias independentes, províncias com interesses, leis, governos e sistemas de impostos separados foram aglomeradas em um bloco, em uma nação com um governo, um código de leis, um interesse nacional de classe, uma fronteira e uma tarifa alfandegária.

A burguesia, durante o seu domínio de quase cem anos, criou forças produtivas mais maciças e colossais do que todas as gerações precedentes juntas. Sujeição das forças da natureza pelo homem, maquinarias, aplicação da química na indústria e na agricultura, navegação a vapor, estradas de ferro, telégrafos, remoção do cultivo de continentes inteiros, canalização de rios, populações inteiras conjuradas fora de suas áreas — que século anterior teve, mesmo que fosse um pressentimento de que tais forças produtivas ficariam inativas no colo do trabalho social?

Vimos, portanto, que os meios de produção e de troca, nos quais a burguesia erigiu-se, foram gerados na sociedade feudal. Em um certo estágio do desenvolvimento desses meios de produção e de troca, as condições sob as quais a sociedade feudal produziu e trocou, a organização feudal de agricultura e indústria manufatureira, resumindo, as relações de propriedade feudais tornaram-se não mais compatíveis com as forças produtivas já desenvolvidas. Tornaram-se grilhões. Tinham de ser estilhaçados. Foram estilhaçados. No seu lugar, entrou a concorrência livre, acompanhada por uma constituição social e política adaptada a ela e sob o controle econômico e político da classe burguesa.

Um movimento similar está acontecendo diante de nossos olhos. A sociedade burguesa moderna, com suas relações de produção, de troca e de propriedade, é como um bruxo que já não controla os poderes do outro mundo por ele conjurado com seus feitiços. Para muitos, a década passada da história da indústria e do comércio é somente a história da revolta das forças produtivas modernas contra as condições modernas de produção, contra as relações de propriedade que são a condição para a existência da burguesia e de seu domínio. Basta mencionar a crise comercial que, com sua periodicidade, põe à prova, cada vez mais ameaçadoramente, a existência de toda a sociedade burguesa. Nas crises comerciais, grande parte, não só dos produtos existentes, mas também das forças produtivas criadas anteriormente, é periodicamente destruída. Nestas crises, surge uma epidemia que, em todas as épocas antigas, teria parecido absurda: a epidemia da superprodução. A sociedade se vê, subitamente, de volta a um estado de barbarismo momentâneo. Seria como se uma escassez, uma guerra universal devastadora houvesse cortado o fornecimento de todos os meios de subsistência. A indústria e o comércio parecem ter sido destruídos. E por quê? Porque há civilização em demasia, meios de subsistência em demasia, indústrias em demasia, comércio em demasia. As forças produtivas à disposição da sociedade não mais tendem a fomentar o desenvolvimento das condições da propriedade burguesa. Pelo contrário, tornaram-se poderosas demais para estas condições, que as restringem. Assim que se livram desses grilhões, trazem desordem para toda a sociedade burguesa, pondo em risco a existência da propriedade burguesa. As condições da sociedade burguesa são estreitas demais para abranger toda a riqueza que criou. E como faz a burguesia para vencer essas crises? Por um lado, reforça a destruição da massa de forças produtivas; por outro lado, tenta conquistar novos mercados e busca uma exploração mais completa dos antigos. Ou seja, pavimentando o caminho para crises mais extensas e mais destrutivas e diminuindo os meios pelos quais previnem-se crises.

As armas, com as quais a burguesia abateu o feudalismo, voltaram-se contra a própria burguesia. Mas ela não só forjou as armas que trazem a morte para si própria, como também criou os homens que vão empunhar estas armas: a classe trabalhadora moderna, o proletariado.

Na mesma medida em que a burguesia — isto é, o capital — se desenvolve, também o proletariado se desenvolve. A classe trabalhadora moderna desenvolve-se: uma classe de trabalhadores, que vive somente enquanto encontra trabalho e que só encontra trabalho enquanto o seu labor aumenta o capital. Estes trabalhadores, que precisam vender a si próprios aos poucos, são uma mercadoria como qualquer outro artigo de comércio, e são, por consequência, expostos a todas as vicissitudes da competição, a todas as flutuações do mercado.

Em virtude do uso extensivo de maquinarias e da divisão do trabalho, o trabalho dos proletários perdeu todo o seu caráter individual e, em consequência, todo o estímulo para o trabalhador. Ele se torna um apêndice da máquina e dele só é exigida a habilidade mais simples, mais monótona e mais facilmente adquirida. Por isso, o custo de produção de um trabalhador é restrito, quase completamente, aos meios de subsistência que ele requer para a sua manutenção e para a propagação de sua raça. Mas o preço de uma mercadoria e, portanto, também do trabalho é igual ao seu custo de produção. Em proporção, conforme a repulsa do trabalho aumenta, o salário diminui. E ainda, na proporção em que o uso de maquinaria e a divisão de trabalho aumentam, o peso da labuta aumenta, seja pela prolongação das horas de trabalho, seja pelo aumento do trabalho exigido durante um lapso de tempo determinado ou pelo aumento da velocidade da maquinaria etc.

A indústria moderna converteu a pequena oficina do mestre patriarcal na grande fábrica do industrial capitalista. Massas de trabalhadores, comprimidos nas fábricas, são organizados como tropas. Como soldados do exército industrial, são colocados sob o comando de uma hierarquia perfeita de oficiais e sargentos. Não são somente escravos da classe burguesa e do Estado burguês, mas são, a todo dia e a toda hora, escravizados pela máquina, pelo supervisor e, acima de todos, pelo próprio indivíduo fabricante burguês. Quanto mais abertamente este despotismo proclama que o ganho é o seu fim e a sua meta, tanto mais mesquinho, tanto mais odioso e tanto mais amargo ele se torna.

Quanto menos habilidade e força física venha requerer o trabalho manual, isto é, quanto mais se desenvolve a indústria, tanto mais o trabalho dos homens é substituído pelo das mulheres. Diferenças de idade e de sexo não têm mais validade distintiva social para a classe trabalhadora. São todos instrumentos de trabalho, mais ou menos caros, para serem usados de acordo com sua idade e sexo.

Tão logo o trabalhador é explorado pelo fabricante e, no fim, recebe seu salário em dinheiro, ele é atacado pelas outras porções da burguesia, o senhorio, o lojista, o penhorista etc.

A camada mais baixa da classe média, os pequenos comerciantes, lojistas e artífices aposentados em geral, artesãos e camponeses, todos eles se afundam, gradualmente, no proletariado. Em parte, porque seu capital diminuto não basta para a escala na qual a indústria moderna é levada avante, e atola-se na competição com os grandes capitalistas; e, em parte, porque suas especializações se tornaram inúteis com os novos métodos de produção. Assim, o proletariado é recrutado de todas as classes da população.[7]

O proletariado passa por vários estágios de desenvolvimento. Com seu nascimento, começa a sua luta contra a burguesia. No início, a disputa é conduzida pelo indivíduo trabalhador, depois pelos operários de uma fábrica, assim como pelos artífices de uma classe profissional, em uma localidade, contra o indivíduo burguês que os explora diretamente. Eles não dirigem seus ataques apenas contra as relações burguesas de produção, mas também contra os próprios instrumentos de produção. Eles destroem mercadorias importadas que competem com seu trabalho. Despedaçam máquinas. Incendeiam fábricas. Buscam restaurar pela força a condição do operário da Idade Média que desapareceu.

Nesse estágio, os trabalhadores ainda formam uma massa incoerente, espalhada pelo país todo e fracionada pela competição. A união da enorme massa de trabalhadores ainda não é um resultado da sua própria união, e sim o resultado da união da burguesia, que precisa pôr em movimento todo o proletariado para alcançar seus objetivos políticos; e, ao menos

---

[7] Embora seja um texto descritivo do século XIX, aqui se encontra um exemplo da potencialidade de explicação do sistema capitalista pelo método marxista, já que a mesma tendência segue se aprofundando no século XXI. Em períodos de crise, até mesmo membros de uma pequena burguesia podem ser rebaixados à classe proletária por não conseguir competir com os grandes capitalistas ou, mesmo mantendo sua pequena propriedade, são obrigados a empregar também sua própria força de trabalho e a viver em condições mais próximas da vida proletária e muito distantes da vida burguesa [*N. da E.*].

por enquanto, ela ainda o pode fazer. Nesta fase, portanto, os proletários não lutam contra seus inimigos, mas os inimigos de seus inimigos, remanescentes da monarquia absoluta, os proprietários de terras, os burgueses neoindustriais, a pequena burguesia. Assim, todo o movimento histórico está concentrado nas mãos da burguesia. Toda vitória obtida assim é uma vitória para a burguesia.

No entanto, com o desenvolvimento da indústria, o proletariado não só aumenta em número, como se torna concentrado em massas maiores; sua força cresce e ele sente mais essa força. Os vários interesses e condições de vida dentro das linhas do proletariado são sempre mais equalizados, na proporção em que a maquinaria cancela todas as distinções de trabalho e, por quase toda a parte, reduz salários para o mesmo nível baixo.

A competição crescente entre os burgueses e a crise comercial resultante fazem os salários dos trabalhadores flutuarem ainda mais. As melhorias incessantes da maquinaria, sempre desenvolvendo-se mais rápido, tornam o seu meio de vida mais e mais precário. As colisões entre indivíduos trabalhadores e indivíduos burgueses tomam cada vez mais o caráter de colisão entre duas classes. Sobre isso, os trabalhadores começam a formar combinações (sindicatos) contra os burgueses. Eles se unem de modo a manter o aumento do nível salarial. Fundam associações permanentes de modo a assegurar-se, antecipadamente, para estas revoltas ocasionais. Aqui e ali a contenda manifesta-se em tumultos.

BURGUESES E PROLETÁRIOS

De tempos em tempos, os trabalhadores vencem, mas só provisoriamente. O verdadeiro fruto de suas batalhas repousa não no resultado imediato, mas na união cada vez mais abrangente dos trabalhadores. Esta união é favorecida pelos meios de comunicação mais desenvolvidos, criados pela indústria moderna e que colocam os trabalhadores de localidades diferentes em contato uns com os outros. Era somente este contato o necessário para centralizar as numerosas lutas locais, todas do mesmo caráter, em uma luta nacional entre classes. Mas cada luta de classe é uma luta política. E com essa união — para alcançar o que os burgueses da Idade Média, com suas estradas vicinais, precisaram de séculos — os proletários modernos, graças às estradas de ferro, alcançaram em poucos anos.

Esta organização dos proletários em uma classe e, consequentemente, em um partido político está sendo perturbada, continuamente, pela competição entre os próprios trabalhadores. Mas ela sempre se levanta outra vez, mais forte, mais firme, mais poderosa. Ela força um reconhecimento legislativo dos interesses particulares dos trabalhadores, aproveitando-se das divisões no meio da própria burguesia. Assim foi aprovada na Inglaterra a Lei das Dez Horas.

Em geral, as colisões entre as classes da velha sociedade favorecem, de muitos modos, o curso do desenvolvimento do proletariado. A burguesia encontra-se envolvida em uma batalha constante. Primeiro, com a aristocracia; depois, com estas porções da própria burguesia, cujos interesses se tornaram antagônicos aos progressos da indústria; e em todas as épocas, com a burguesia de outros países. Nestas batalhas, ela se vê compelida a apelar para o proletariado, pedir a sua ajuda e, assim, arrastá-lo para dentro da arena política. A própria burguesia, portanto, fornece ao proletariado seus próprios elementos de educação política e geral; em outras palavras, supre o proletariado com armas para enfrentar a burguesia. Ademais, como já vimos, parcelas inteiras das classes governantes são lançadas no proletariado pelo avanço da indústria ou pelo menos têm sua existência ameaçada. Isto também supre o proletariado de elementos recentes de formação e de progresso.

Finalmente, em épocas em que a luta de classes beira a sua hora decisiva, o processo de dissolução em desenvolvimento dentro da classe governante, na verdade, dentro de toda a extensão da antiga sociedade, assume um caráter tão violento, tão penetrante, que uma pequena parcela da classe governante desprende-se e une-se à classe revolucionária, a classe que carrega o futuro em suas mãos. Exatamente como, em uma época anterior, uma parcela da nobreza uniu-se à burguesia, assim, agora, uma parte da burguesia une-se ao proletariado e, em particular, uma parte composta de ideólogos burgueses que chegaram a uma compreensão histórica do movimento como um todo.

De todas as classes que se põem frente a frente hoje com a burguesia, somente o proletariado é uma classe realmente revolucionária. As outras declinam e, finalmente, desaparecem ante à indústria moderna. O proletariado é o seu produto mais autêntico.

BURGUESES E PROLETÁRIOS

A classe média baixa, o pequeno fabricante, o lojista, o artesão, o camponês, todos esses lutam contra a burguesia para não naufragarem. Eles não são, portanto, revolucionários, mas conservadores. E ainda, são reacionários, pois giram a roda da História para trás. Se, por acaso, são revolucionários, eles o são só por terem em vista sua transferência iminente para o proletariado. Deste modo, defendem não os interesses do presente, mas os do futuro. Deserdam seu ponto de vista em prol daquele do proletariado.

A "classe perigosa", o lupemproletariado, essa massa que apodrece passivamente, repudiada pelas camadas mais baixas da antiga sociedade, pode, aqui e ali, ser arrastada para o movimento por uma revolução proletária. Suas condições de vida, contudo, preparam-na muito mais para o papel de uma ferramenta subornada da intriga reacionária.

As condições de vida da sociedade antiga já se encontram destruídas nas condições de vida do proletariado. O proletário não tem propriedade; sua relação com esposa e filhos já não tem coisa alguma em comum com as relações da família burguesa; o trabalho moderno industrial, a sujeição moderna ao capital, iguais na Inglaterra como na França, nos Estados Unidos e na Alemanha, desnudou-o de todos os traços de caráter nacional. Lei, moralidade, religião são para ele preconceitos burgueses atrás dos quais se escondem os interesses da burguesia.

Todas as classes precedentes, que tiveram o comando, procuraram garantir suas oposições sujeitando a sociedade em geral às suas condições de apropriação. Os proletários não podem se tornar patrões das forças produtivas da sociedade, exceto abolindo seus próprios meios de apropriação anteriores e, de tal modo, também todos e quaisquer outros modos de apropriação anteriores. Eles nada têm para assegurar e fortificar. A missão deles é destruir todas as garantias e seguranças da propriedade individual.

Todos os movimentos históricos anteriores foram movimentos de minorias, ou no interesse de minorias. O movimento proletário é o movimento autoconsciente, independente da imensa maioria, no interesse da imensa maioria. O proletariado, a camada mais baixa da nossa sociedade atual, não pode sublevar-se, não pode se revoltar, sem que toda a camada dominante da sociedade oficial seja arremessada no ar.

Apesar de não em conteúdo, mas em forma, a luta do proletariado contra a burguesia é antes de tudo uma luta nacional. O proletariado de cada país precisa, claro, primeiro de tudo acertar seus assuntos com sua própria burguesia.

Ao retratar as etapas mais gerais do desenvolvimento do proletariado, podemos acompanhar a guerra civil (ora mais, ora menos velada) dentro da sociedade, até o ponto em que ela irrompe em uma revolução aberta.

Até agora, toda forma de sociedade foi baseada, como já vimos, no antagonismo das classes opressoras e oprimidas. Mas, para oprimir uma classe, certas condições devem ser asseguradas sob as quais ela poderá, ao menos, continuar sua existência submissa. Os servos, no período da servidão, elevaram-se à qualidade de membros da comuna, assim como os pequenos burgueses, sob o jugo do absolutismo feudal, transformaram-

-se em burguesia. O trabalhador moderno, pelo contrário, em vez de crescer com o progresso da indústria, enterrou-se sempre mais fundo, abaixo das condições de existência de sua própria classe. Tornou-se pobre e a pobreza cresce mais rápido do que a população e a riqueza. Aqui torna-se evidente que a burguesia é inapta para ser a classe governante da sociedade e para impor suas condições de existência à sociedade como uma lei primordial. É inapta para governar porque é incompetente para assegurar uma existência para os seus escravos dentro da escravatura; porque não consegue evitar de deixá-los afundar em tal estado, pois ela tem de alimentá-los, em vez de ser alimentada por eles. A sociedade não pode mais viver sob esta burguesia, em outras palavras, a sua existência não é mais compatível com a sociedade.

A condição essencial para a existência e para o poder da classe burguesa é a formação e o crescimento de capital. A condição para o capital é o trabalho assalariado. O trabalho assalariado fundamenta-se exclusivamente na competição entre os trabalhadores. O avanço da indústria, cujo promotor involuntário é a burguesia, substitui o isolamento dos trabalhadores, em virtude da competição, pela combinação revolucionária, devido à associação. O desenvolvimento da indústria moderna, portanto, tira de debaixo dos pés a própria fundação sobre a qual a burguesia produz e apropria-se de produtos. O que a burguesia, portanto, produz, acima de tudo, são seus próprios coveiros. A sua queda e a vitória do proletariado são igualmente inevitáveis.

2. PROLETÁRIOS E COMUNISTAS

COMO SE POSICIONAM os comunistas em relação aos proletários em geral? Os comunistas não formam um partido separado em oposição a outros partidos das classes trabalhadoras. Eles não têm interesses separados daqueles do proletariado como um todo. Eles não estabelecem nenhum princípio especial que pretenda modelar o movimento proletário.

Os comunistas distinguem-se de outros partidos de classes trabalhadoras somente pelo seguinte: 1) nas lutas nacionais de proletários de países diferentes, eles ressaltam e apresentam os interesses comuns de todo o proletariado, independentemente de nacionalidade; 2) nos vários estágios de desenvolvimento que a classe trabalhadora atravessa em sua luta contra a burguesia, eles representam sempre o interesse do movimento como um todo.

Os comunistas, portanto, em termos práticos, são a parcela mais avançada e resoluta dos partidos de classes trabalhadoras de todo país, aquela que lança todas as outras para a frente. Por outro lado, em termos teóricos, eles têm sobre a inestimável massa do proletariado a grande vantagem de entrever a linha da marcha, as condições e os resultados gerais do movimento proletário.

A meta imediata dos comunistas é a mesma de todos os outros partidos proletários: a formação do proletariado em uma classe, a derrubada da supremacia burguesa, a conquista do poder político pelo proletariado. Suas conclusões teóricas não estão baseadas de modo algum em ideias ou princípios que foram inventados, ou descobertos, por este ou aquele futuro reformador universal. Mas são apenas expressões generalizadas das condições de uma luta de classes que existe de fato, de um movimento histórico que se passa diante de nossos olhos.

Todas as relações de propriedade estiveram sujeitas a uma constante transformação e a uma constante mudança histórica. Todas as relações de propriedade do passado têm sido continuamente sujeitas às mudanças históricas consequentes das mudanças de condições históricas. A Revolução Francesa, por exemplo, aboliu a propriedade feudal em favor da propriedade burguesa.

A característica distintiva do comunismo não é a abolição da propriedade em geral, mas a abolição da propriedade burguesa. A propriedade privada da burguesia moderna é a expressão final e mais completa do sistema de produção e de apropriação de produtos, que é baseado no antagonismo de classes, na exploração de um pelo outro. Neste sentido, a teoria dos comunistas pode ser resumida em uma sentença: abolição da propriedade privada.[8]

Nós, comunistas, temos sido condenados pelo desejo de abolir o direito de pessoalmente adquirir propriedade como fruto do trabalho do próprio homem, quando alega-se que a propriedade é o trabalho de base para a liberdade, a atividade e a independência pessoal.

Propriedade conquistada duramente, dignamente adquirida e merecida! Está se referindo à propriedade do pequeno artesão e do pequeno camponês, uma forma de propriedade que precedeu a forma burguesa? Não é necessário aboli-la. O desenvolvimento da indústria já a destruiu em boa parte e continua, dia após dia, a destruí-la.

Ou trata-se da propriedade privada da burguesia moderna? Mas o trabalho assalariado resulta em alguma propriedade para o trabalhador? De forma alguma. Ele cria capital, ou seja, aquele tipo de propriedade que explora o trabalho assalariado e que não o pode aumentar exceto na condição de gerar um

---

8 No começo do parágrafo, Marx e Engels falam de abolição via *Abschaffung*, que tem um significado mais direto de abolir, terminar, revogar. Já na última frase, os autores empregam, especialmente, *Aufhebung* (comumente traduzida como suprassunção), que, associada a *aufheben*, remete a uma discussão mais conceitual do materialismo histórico e dialético, a partir de Hegel, sobre abolição e transformação da sociedade. Resumidamente, fica claro que por "abolição da propriedade privada" não se pode entender algo como proibição ou mudança pelas leis. É necessário criar as condições materiais para que essa propriedade privada não mais exista e não tenha sentido em existir. É por isso que a política comunista envolve a reorganização revolucionária da sociedade em que, ao mudar o caráter de classe da propriedade, novas formas de viver e trabalhar tornem o estado antigo da propriedade privada algo obsoleto, indesejado e sem sentido [*N. da E.*].

novo suprimento de trabalho assalariado para nova exploração. Propriedade, na sua forma atual, é baseada no antagonismo de capital e trabalho assalariado. Vamos examinar ambos os lados deste antagonismo.

Ser um capitalista é ter não só uma condição puramente pessoal mas uma condição social na produção. O capital é um produto coletivo e só pela ação unida de muitos membros e ainda, como último recurso, é só pela ação unida de todos os membros da sociedade que ele pode ser movimentado. O capital é, portanto, não um poder pessoal, mas um poder social.

Quando, porém, o capital é convertido em propriedade comum, em propriedade de todos os membros da sociedade, a propriedade pessoal não é, de tal modo, transformada em propriedade social. É só o caráter social da propriedade que mudou. Perde o seu caráter de classe.

Vamos, agora, ver o trabalho assalariado.

O preço médio do trabalho assalariado é o salário mínimo, ou seja, essa quantia do meio de subsistência que é requisito absoluto para manter o trabalhador na existência simples como um trabalhador. O que o trabalhador adquire por meio de sua atividade é, pois, o mínimo necessário para a conservação e a reprodução de sua vida humilde. Nós, de modo algum, temos a intenção de abolir esta apropriação pessoal do produto do trabalho, uma apropriação que é feita para a manutenção e a reprodução da vida humana e que não deixa excedente algum que conceda poder sobre o trabalho alheio. Queremos apenas abolir o caráter miserável desta apropriação, sob a qual o trabalhador vive, meramente, para aumentar capital e permite-lhe viver somente o quanto o interesse da classe governante requer.

Na sociedade burguesa, trabalho para viver não passa de um meio de aumentar o trabalho acumulado. Na sociedade comunista, trabalho acumulado não passa de um meio de ampliar, enriquecer, promover a existência do trabalhador.

Na sociedade burguesa, portanto, o passado domina o presente. Na sociedade comunista, o presente domina o passado. Na sociedade burguesa, o capital é independente e tem individualidade, enquanto a pessoa viva é dependente e não tem individualidade. E a abolição deste estado de coisas é chamada pelos burgueses de abolição da individualidade e da liberdade! E com razão. Trata-se, sem dúvida, da abolição da individualidade burguesa, da independência burguesa e da liberdade burguesa. Por liberdade queremos dizer, sob as condições de produção burguesas atuais: mercado livre, venda livre e compra livre.

Entretanto, se a venda e a compra desaparecem, venda e compra livres desaparecem também. Esta conversa sobre venda e compra livres, e todas as outras "palavras corajosas" da nossa burguesia sobre a liberdade em geral, tem um significado, se tiver algum, somente em contraste com venda e compra restritas, com os comerciantes restritos da Idade Média. Mas não tem significado se oposta à abolição comunista de compra e venda, das condições de produção burguesas e da própria burguesia.

Vocês estão horrorizados com a nossa intenção de abolir com a propriedade privada. Mas, na sua sociedade, a propriedade privada já foi abolida para nove décimos da população.

A sua existência para os poucos deve-se simplesmente à sua não existência para estes nove décimos. Vocês nos condenam, portanto, pela intenção de abolir uma forma de propriedade, cuja existência depende da não existência de qualquer propriedade para a maioria imensa da sociedade.[9] Em resumo, você condena a nossa intenção de abolir a sua propriedade. Precisamente, é isso que queremos.

A partir do momento em que o trabalho não pode mais ser transformado em capital, dinheiro, ou aluguel, em um poder social capaz de ser monopolizado; ou seja, a partir do momento em que a propriedade individual não pode mais ser transformada em propriedade burguesa, em capital, a partir deste momento, afirmam vocês, a individualidade desaparece.

Vocês devem, portanto, confessar que por "indivíduo" refere-se simplesmente ao burguês, ao proprietário de classe

---

9 Nesse trecho, Marx e Engels tratam diretamente de uma das maiores distinções entre a propriedade privada burguesa e outros tipos de propriedade: a propriedade burguesa se reproduz a partir da exclusão do restante da sociedade. Para a burguesia seguir acumulando, é necessário que a massa de trabalhadores explorados não possa acessar para si os meios de produção e sigam obrigados a vender sua força de trabalho para viver. Abolir esse tipo de propriedade é fundamento do comunismo para que uma classe não tenha mais a opção de explorar a outra para o seu próprio benefício e enriquecimento. Portanto, vemos que é uma discussão bastante distinta da posse de bens pessoais para consumo cotidiano, como roupas, eletrodomésticos, artigos esportivos, dentre outros, que são os produtos criados a partir do trabalho exercido entre os meios de produção. Tais produtos não necessitam, em sua maioria, da propriedade burguesa para serem produzidos. Outros, como artigos de luxo, cuja existência e precificação passam pela existência de uma classe consumidora bastante rica, perdem sua função uma vez que as diferenças de classe são abolidas [*N. da E.*].

média. Esta pessoa deve, sem dúvida, ser afastada do caminho e inviabilizada.

O comunismo não priva homem algum do poder de se apropriar de produtos da sociedade. Tudo o que ele faz é privá-lo do poder de subjugar o trabalho de outros por meio de tal apropriação.

Fez-se já a objeção de que com a abolição da propriedade privada cessarão todas as formas de atividade e uma preguiça generalizada se disseminará. Se dermos crédito a este argumento, a sociedade burguesa deveria, há muito tempo, ter se arruinado com a sua ociosidade absoluta. Pois há aqueles, dentre eles, que trabalham e nada adquirem, e aqueles que adquirem qualquer coisa e não trabalham. A ideia completa desta objeção não passa de outra expressão tautológica: não pode mais haver trabalho assalariado quando não há mais capital.

Todas as objeções dirigidas contra o modo comunista de produzir e de se apropriar de produtos materiais têm, do mesmo modo, sido instigadas contra os modos comunistas de produzir e de se apropriar de produtos intelectuais. Como, para o burguês, o desaparecimento da propriedade de classe é o desaparecimento da própria produção, assim, o desaparecimento da cultura de classe é para ele idêntico ao desaparecimento de toda a cultura. Essa cultura, cuja perda ele lamenta, é, para a grande maioria, um mero treinamento para agir como máquina.

Mas não discuta conosco, já que você aplica, à nossa intenção de abolir a propriedade burguesa, os padrões das suas noções burguesas de liberdade, cultura, lei etc. As suas ideias não passam de um produto das condições de sua produção e propriedade burguesas, exatamente como a sua jurisprudência não passa da vontade de sua classe transformada em lei para todos. Uma vontade cujo caráter e direção essenciais são determinados pelas condições econômicas da existência de sua classe.

A interpretação incorreta induz a transformar em leis eternas da natureza e da razão as formas sociais que brotam do seu modo de produção e da forma de propriedade atuais relações históricas, que surgem e desaparecem no progresso da produção. Esta interpretação incorreta você compartilha com todas as classes governantes que o precederam. O que vê claramente no caso de propriedade antiga, o que admite caso de propriedade feudal, você está, claro, proibido de admitir no caso da sua própria forma de propriedade burguesa.

Abolição [*Aufhebung*] da família! Até o mais radical inflama-se em frente desta proposta infame dos comunistas. Sobre qual fundação está baseada a família atual, a família burguesa? No capital, no lucro privado. Na sua forma completamente desenvolvida, esta família existe somente entre os burgueses. Mas este estágio de coisas encontra o seu complemento na ausência prática da família entre os proletários e na prostituição pública. A família burguesa irá desaparecer naturalmente quando o seu complemento acabar e ambos desaparecerão com o fim do capital.

Você nos incrimina de querer terminar com a exploração das crianças pelos pais? Deste crime, confessamo-nos culpados.

PROLETÁRIOS E COMUNISTAS

Mas, dirão vocês, estaremos destruindo a mais abençoada das relações ao trocarmos a educação domiciliar pela social.

E a sua educação?! Não é ela também social e determinada por condições sociais sob as quais você educa, por intervenção, direta ou indireta, da sociedade, nas escolas etc.? Os comunistas não inventaram a intervenção da sociedade na educação. Eles procuram alterar o caráter dessa intervenção e resgatar a educação da influência da classe governante.

O disparate burguês sobre a família e a educação, sobre a abençoada correlação de pais e filhos torna-se ainda mais desagradável à medida que todos os laços familiares entre os proletários são cortados, pela ação da indústria moderna, e seus filhos transformados em simples artigos de comércio e instrumentos de trabalho.

Mas vocês, comunistas, introduziriam a comunidade de mulheres!, grita, em coro, toda a burguesia.[10]

O burguês vê em sua esposa um mero instrumento de produção. Ele ouve que os instrumentos de produção devem ser explorados em comum e, naturalmente, só pode chegar à conclusão de que o quinhão de ser comum também chegará às mulheres. Ele nem suspeita de que o verdadeiro ponto a ser mirado é acabar com a condição de que as mulheres são meros instrumentos de produção.

---

10 Por "comunidade de mulheres", Marx e Engels se referem às acusações absurdas dos oponentes do comunismo de que uma sociedade comunista também socializaria as mulheres como propriedade coletiva dos homens (possivelmente sexual) [*N. da E.*].

Quanto ao resto, nada é mais ridículo do que a indignação virtuosa de nossos burgueses ante à comunidade de mulheres que, eles fazem de conta, será criada aberta e oficialmente pelos comunistas. Os comunistas não precisam criar uma comunidade de mulheres, isso sempre existiu desde os tempos imemoriais.

O nosso burguês não contente em ter as esposas e as filhas de seus proletários à sua disposição, sem falar nas prostitutas comuns, sentem grande prazer em seduzir a esposa do outro.

O casamento burguês é, na realidade, um sistema de esposas em comum e, assim, no máximo, a razão pela qual os comunistas poderiam ser condenados é que eles desejam introduzir, em substituição a algo hipocritamente oculto, uma comunidade de mulheres aberta e legal. Quanto ao resto, é evidente por si mesmo que a abolição do sistema atual de produção deve trazer consigo a abolição da comunidade de mulheres que brota desse sistema, ou seja, da prostituição pública ou privada.

Os comunistas são condenados ulteriormente pelo desejo de abolir países e nacionalidades. Os homens trabalhadores não têm país. Não podemos tirar deles o que eles não têm. Visto que o proletariado deve, primeiro, conquistar a supremacia política, deve se erguer para ser a classe líder da nação, deve constituir, ele próprio, a nação; ele é, até agora, nacional, apesar de não o ser no sentido burguês da palavra.

Diferenças e antagonismos nacionais entre povos estão desaparecendo, dia após dia, em razão do desenvolvimento da burguesia, da liberdade de comércio, do mercado mundial, da uniformidade no modo de produção e nas condições de vida correspondentes. A supremacia do proletariado levará a este fim ainda mais rapidamente. Ação unida dos países civilizados dominantes, ao menos, é uma das primeiras condições para a emancipação do proletariado.

Na proporção em que a exploração de um indivíduo por outro termina, a exploração de uma nação por outra também terminará. Na proporção em que o antagonismo entre classes dentro da nação desaparece, a hostilidade de uma nação para outra terminará.

As acusações contra o comunismo feitas de um ponto de vista religioso, filosófico e, geralmente, ideológico não merecem um exame sério. É necessária intuição profunda para entender que as ideias, os pontos de vista e as concessões do ser humano, resumindo, a consciência do ser humano, mudam de acordo com as mudanças nas condições de sua existência material, nas suas relações sociais e na sua vida social?

O que mais a história de ideias prova além de que a produção intelectual muda de caráter na proporção em que a produção material muda? As ideias dominantes de cada época sempre foram as ideias da classe dominante.

Quando as pessoas falam de ideias que revolucionaram a sociedade não expressam o fato de, na antiga sociedade, os elementos de uma nova sociedade terem sido criados e que a dissolução das ideias antigas acompanhou a dissolução das condições de existência antigas.

Quando o mundo antigo dava seus últimos espasmos, as religiões antigas foram superadas pelo Cristianismo. Quando as ideias cristãs sucumbiram, no século XVIII, às ideias racionalistas, a sociedade feudal lutou sua batalha de morte com a então revolucionária burguesia. As ideias de liberdade religiosa e de consciência moral deram expressão ao domínio da competição livre dentro dos domínios do conhecimento.

"Sem dúvida," dirão, "as ideias religiosas, morais, filosóficas e jurídicas foram modificadas no curso do desenvolvimento histórico. Mas a religião, a moralidade, a filosofia, as ciências políticas e a lei sobreviveram, com firmeza, a esta mudança."

"Além disso, existem verdades eternas como a liberdade, a justiça etc., que são comuns a todos os estados da sociedade. Mas o comunismo proscreve as verdades eternas, proscreve toda religião e toda moralidade, em vez de constituí-las sobre uma nova base. Portanto, age em contradição com todas as experiências históricas do passado."

A que esta acusação se reduz? A história de toda a sociedade antiga consistiu no desenvolvimento de antagonismos de classe, antagonismos que assumiram formas diferentes em épocas diferentes.

Mas qualquer que seja a forma que tenham tomado, um fato é comum a todas as épocas passadas, a saber, a exploração de uma parte da sociedade pela outra. Não surpreende, então, que a consciência social das épocas passadas, apesar de toda a multiplicidade e da variedade que exibe, mova-se dentro de certas formas comuns, ou ideias gerais, que não podem desaparecer completamente, exceto com o desaparecimento total dos antagonismos de classe.

A revolução comunista é a ruptura mais radical com as relações de propriedade tradicionais. Não surpreende que seu desenvolvimento envolva a ruptura mais radical com as ideias tradicionais. Contudo, deixemos agora as objeções da burguesia ao comunismo.

Vimos, anteriormente, que o primeiro passo para a revolução da classe trabalhadora é conduzir o proletariado à posição de classe governante, para vencer a batalha da democracia. O proletariado usará a sua supremacia política para arrebatar, gradativamente, todo o capital da burguesia, para centralizar todos os instrumentos de produção nas mãos do Estado, ou seja, do proletariado organizado como classe governante, e para aumentar o total de forças produtivas tão rápido quanto possível.

É claro que, no começo, isto não pode ser executado, exceto por incursões despóticas nos direitos de propriedade e nas condições da produção burguesa, por meio de medidas, portanto, que parecem economicamente insuficientes e insustentáveis, mas, no curso do movimento, superam-se, necessitam de ulteriores incursões na ordem social antiga e são inevitáveis como meios de revolucionar inteiramente o modo de produção.

Essas medidas, é claro, serão diferentes em diferentes países. Contudo, nos países mais avançados, o que se segue será bem aplicado, de modo geral:

1. Expropriação da propriedade de terra e utilização de todos os aluguéis de terra para fins públicos.
2. Um imposto de renda fortemente progressivo.
3. Abolição [*Abschaffung*] de todo direito de herança.

4. Confisco das propriedades de todos os emigrantes e rebeldes.
5. Centralização do crédito nas mãos do Estado, por meio de um banco nacional com capital do Estado e um monopólio exclusivo.
6. Centralização dos meios de comunicação e transporte nas mãos do Estado.
7. Extensão de fábricas e de instrumentos de produção possuídos pelo Estado; levar o cultivo à terra inculta e a melhoria do solo em geral de acordo com um plano comum.
8. Responsabilidades iguais para todo trabalho. Estabelecer exércitos industriais, em especial para a agricultura.
9. Combinar as indústrias de agricultura com a de manufatura; progresso rumo à eliminação gradual das distinções entre cidade e campo através de uma distribuição mais equilibrada da população no país.
10. Educação gratuita para todas as crianças em escolas públicas. Eliminação do trabalho infantil em fábricas em sua forma atual. Combinação de educação com produção industrial etc.

Quando, no curso do desenvolvimento, as diferenças de classe tiverem desaparecido e toda a produção tiver sido concentrada nas mãos dos indivíduos associados, o poder público perderá o seu caráter político. O poder político, propriamente chamado, é, meramente, o poder organizado de uma classe para oprimir outra. Se o proletariado se eleva necessariamente à condição de classe dominante em sua luta contra a burguesia e, na condição de classe dominante, tira de cena as antigas relações de produção, então, com isso, ele tira também de cena a condição para a existência da oposição entre as classes e para a própria existência dessas classes. E acaba por abolir seu papel de classe dominante.

No lugar da sociedade burguesa antiga, com suas classes e antagonismos de classe, teremos uma associação na qual o desenvolvimento livre de cada um é a condição para o desenvolvimento livre de todos.

3. LITERATURA SOCIALISTA E COMUNISTA

1. Socialismo reacionário

a. O socialismo feudal

EM VIRTUDE DE sua posição histórica, tornou-se vocação dos aristocratas da França e da Inglaterra escrever panfletos contra a sociedade burguesa moderna. Na Restauração Francesa de julho de 1830 e na agitação da reforma inglesa, estas aristocracias sucumbiram, de novo, ao novo-rico odioso. Desde então, uma disputa política séria estava totalmente fora de questão. Somente uma batalha literária restou possível. Mas, mesmo no domínio da literatura, os velhos gritos do período de restauração[11] tornaram-se impossíveis. Na intenção de ser simpática, a aristocracia foi forçada a perder a visão, aparentemente, de seus próprios interesses e formular sua acusação contra a burguesia no interesse único da classe trabalhadora.

---

11 Não a Restauração Inglesa de 1660 a 1689, mas a Restauração Francesa de 1815 a 1830 [Engels, edição em inglês, 1888].

Assim, a aristocracia vingou-se cantando sátiras de seu novo chefe e sussurrando em seus ouvidos profecias sinistras da catástrofe por vir.

Deste modo, surgiu o socialismo feudal: meio lamentação, meio sátira; meio eco do passado, meio ameaça do futuro; às vezes, por sua crítica amarga, inteligente e incisiva, acertando a burguesia no seu âmago; mas sempre de efeito cômico, pela incapacidade total de compreender a marcha da História moderna.

A aristocracia, para agrupar as pessoas à sua volta, acenou o saco de esmolas do proletariado como um estandarte. Mas as pessoas, ao unirem-se a ela, viam na sua garupa o antigo brasão feudal e desertavam com uma risada alta e irreverente. Uma parcela dos legitimistas franceses e a "Inglaterra Jovem" exibiram com esmero este espetáculo.

Ao salientar que o modo de exploração deles era diferente da exploração burguesa, os feudalistas esqueceram-se de que exploraram sob circunstâncias e condições bem diferentes e que já haviam sido ultrapassadas. Quando demonstram que o proletariado não existia durante o seu domínio, eles convenientemente esqueceram que a burguesia moderna é um rebento de sua ordem social.

Quanto ao resto, ocultavam tão pouco o caráter reacionário de sua crítica que a maior acusação contra a burguesia era que, sob o regime burguês, está sendo desenvolvida uma classe cujo destino será cortar as raízes e os galhos da antiga ordem da sociedade. Censuravam a burguesia mais por ter ela criado um proletariado revolucionário, do que por ter apenas criado um proletariado.

Na prática política, portanto, eles se unem em todas as medidas coercivas contra a classe trabalhadora. Na vida comum, apesar de suas frases pomposas, curvavam-se para apanhar as maçãs douradas caídas da árvore da indústria e para trocar verdade, amor e humor pelo tráfico de lã, açúcar de beterraba e destilados de batata.[12]

Como o pároco nunca andou de mãos dadas com o proprietário das terras, assim também o socialismo clerical com o socialismo feudal. Nada é mais fácil do que dar ao ascetismo cristão um toque socialista. O cristianismo não se declarou contra a propriedade privada, contra o casamento, contra o Estado? Não pregou em seu lugar caridade e pobreza, celibato e mortificação da carne, vida monástica e a madre Igreja? O socialismo cristão não passa da água benta, com a qual o padre consagra a inveja do aristocrata.

b. *O socialismo pequeno-burguês*

A aristocracia feudal não foi a única classe a ser arruinada pela burguesia, cujas condições definharam e pereceram na

---

12 Isso aplica-se sobretudo à Alemanha, onde a aristocracia de terras e a fidalguia rural têm grandes porções de suas propriedades cultivadas por conta própria por administradores, e são, além disso, grandes fabricantes de açúcar de beterraba e destiladores de bebida de batata. A aristocracia britânica mais rica está bem acima disso; mas também sabe como fazer para recuperar aluguéis em declínio, emprestando seus nomes para pessoas fraudulentas de companhias de capital social de reputação mais ou menos duvidosa [Engels, edição em inglês, 1888].

atmosfera da sociedade burguesa moderna. Os burgueses medievais e os pequenos proprietários camponeses foram os precursores da burguesia moderna. Nos países que são bastante desenvolvidos industrial e comercialmente, essas duas classes ainda vegetam lado a lado com a burguesia em crescimento.

Nos países em que a civilização moderna se desenvolveu, formou-se uma nova pequena burguesia, que oscila entre o proletariado e a burguesia; trata-se de uma parcela complementar da sociedade burguesa que adquire constantemente novas feições, mas cujos membros, no entanto, são com frequência lançados ao proletariado pela concorrência e, conforme a indústria moderna desenvolve-se, veem até aproximar-se o momento em que desaparecerão completamente como uma parcela independente da sociedade moderna, para serem substituídos, na manufatura, na agricultura e no comércio, por supervisores, meirinhos e lojistas.

Em países como a França, onde os camponeses constituem muito mais do que a metade da população, era natural que escritores, que puseram-se lado a lado com o proletariado contra a burguesia, deveriam usar, em sua crítica ao regime burguês, o padrão do camponês e do pequeno burguês e, do ponto de vista destas classes intermediárias, viessem em defesa da classe trabalhadora. Assim surgiu o socialismo pequeno-burguês. Sismondi era o líder desta escola, não só na França mas também na Inglaterra.

Essa escola socialista dissecou com muita acuidade as contradições das condições da produção moderna. Desnudou as apologias hipócritas dos economistas. Provou, sem controvérsias, os efeitos desastrosos da maquinaria e da divisão de trabalho; da concentração de capital e de terra em poucas mãos; da superprodução e das crises; salientou a ruína inevitável da pequena burguesia e do camponês, a miséria do proletariado, a anarquia na produção, as desigualdades gritantes na distribuição da riqueza, a guerra industrial de extermínio entre nações, a dissolução de vínculos morais antigos, de relações familiares antigas, de nacionalidades antigas.

No que cabe ao seu conteúdo positivo, contudo, esta forma de socialismo aspira a restaurar os meios antigos de produção e de troca e, com eles, as relações de propriedade antigas e a sociedade antiga; ou restringir os meios modernos de produção e troca, dentro da moldura das relações de propriedade antigas que têm sido e já estavam fadadas a ser destruídas por esses meios. Em qualquer dos casos, é reacionário e utópico.

Suas últimas palavras são: associações corporativas [guildas] para a manufatura; relações patriarcais na agricultura. Por fim, quando fatos históricos relutantes dispersaram todos os efeitos embriagantes da autoilusão, esta forma de socialismo terminou em um ataque miserável de melancolia.

c. O socialismo alemão ou o "verdadeiro"

A literatura socialista e comunista da França, a literatura que se originou sob a pressão de um poder burguês e que foi a expressão da luta contra este poder, foi introduzida na Alemanha, na época em que a burguesia desse país havia começado a sua disputa contra o absolutismo feudal.

Filósofos alemães, futuros filósofos e *beaux esprits* imbuíram-se avidamente dessa literatura, mas se esqueceram de que, quando esses escritos imigraram da França para a Alemanha, as condições sociais francesas não imigraram junto. Em contato com as condições sociais alemãs, esta literatura francesa perdeu todo o seu significado prático imediato e assumiu um aspecto puramente literário. Assim, para os filósofos alemães do século XVIII, as exigências da primeira revolução francesa não passavam de exigências de "raciocínio prático", em geral. E a expressão da vontade da burguesia francesa revolucionária significava, aos seus olhos, as leis da vontade pura, da vontade tal como ela deve ser, da vontade humana verdadeira.

O trabalho dos *literati* alemães consistiu somente em harmonizar as ideias francesas novas com a sua consciência filosófica antiga, ou melhor, em anexar as ideias francesas sem desertar do seu próprio ponto de vista filosófico. Essa anexação tomou lugar do mesmo modo em que uma língua estrangeira é apropriada, a saber, por tradução.

É sabido que os monges acresciam historietas banais, sobre a vida de santos católicos, aos manuscritos nos quais os trabalhos clássicos dos povos pagãos haviam sido escritos. Os *literati* alemães reverteram este processo com a literatura francesa profana. Escreveram a sua bobagem filosófica sob o original francês. Por exemplo, sob a crítica francesa das funções econômicas do dinheiro, escreveram *Alienação da humanidade* e, sob a crítica francesa ao Estado burguês, escreveram *Supressão do domínio da universalidade abstrata,* e assim por diante.

LITERATURA SOCIALISTA E COMUNISTA

A interpolação desse palavreado no pensamento francês foi batizada de "filosofia da ação", "socialismo verdadeiro", "ciência alemã do socialismo", "fundamentação filosófica do socialismo" etc. A literatura socialista e comunista francesa foi, assim, completamente debilitada. E, como cessou de expressar a luta de uma classe contra a outra nas mãos do alemão, ele se sentiu consciente de ter superado a "parcialidade francesa" e de representar não as exigências verdadeiras, mas as exigências da verdade; não os interesses do proletariado, mas os interesses da natureza humana, do homem em geral, que não pertence a uma classe, não tem realidade, que existe somente no reino enevoado da fantasia filosófica.

Esse socialismo alemão, que levou a sua tarefa escolar tão a sério e tão solenemente, exaltou a sua pobre existência com tal charlatanismo e, gradualmente, perdeu a sua inocência pedante. A luta da burguesia alemã, em especial da prussiana, contra a aristocracia feudal e a monarquia absoluta, em outras palavras, o movimento liberal tornou-se mais fervoroso.

Com isso, as oportunidades tão longamente esperadas eram oferecidas ao socialismo "verdadeiro": confrontar o movimento político com as exigências socialistas; proferir com veemência, os hinos tradicionais contra o liberalismo, o governo representativo, a competição burguesa, a liberdade de imprensa burguesa, a legislação, a liberdade e a igualdade burguesas; e de pregar às massas que nada têm a ganhar e tudo a perder com esse movimento burguês. O socialismo alemão esqueceu-se muito a propósito, de que a crítica francesa, da qual ele era apenas um eco sem espírito, pressupunha a existência da sociedade burguesa moderna, com as suas condições econômicas de existência correspondentes e a constituição política adaptada a isso. E a luta na Alemanha era justamente pela conquista de todos esses pressupostos.

Para os governos absolutistas, com sua comitiva de clérigos, professores, proprietários rurais e funcionários, isso serviu como um desejável espantalho contra a burguesia ameaçadora. Ele formou o doce complemento aos tiros e às chicotadas com os quais esses mesmos governos tratavam os trabalhadores alemães amotinados.

Enquanto esse socialismo "verdadeiro", desse modo, servia para os governos como uma arma para lutar contra a burguesia alemã, ao mesmo tempo representava um interesse reacionário, o interesse dos filistinos alemães. Na Alemanha, a classe "pequeno-burguesa", uma relíquia do século XVI e, desde então, constantemente aflorando de novo, sob várias formas, é a base real para o estado de coisas existente.

Preservar essa classe é preservar o estado de coisas existente na Alemanha. A supremacia industrial e política da burguesia ameaça-a com a destruição certa; por um lado, a concentração de capital; por outro, o levante do proletariado revolucionário. O socialismo "verdadeiro" parece ter matado esses dois coelhos com uma única cajadada. Espalhou-se como uma epidemia.

O manto de teias especulativas, bordado com flores de retórica, embebeu-se no orvalho do sentimento doentio. Esse manto transcendental com o qual os socialistas alemães envolveram a pele e o osso de suas tristes "verdades eternas" serviu para aumentar de forma maravilhosa a venda de suas mercadorias entre tal público.

Por seu lado, o socialismo alemão reconheceu, cada vez mais, seu próprio chamado como um representante bombástico do filistino pequeno-burguês. Proclamou a nação alemã como sendo a nação-modelo, e o pequeno filistino alemão como sendo o homem universal. Para toda mesquinhez torpe desse homem modelo, deu-lhe uma interpretação socialista, oculta, elevada, o contrário exato de seu caráter verdadeiro. Chegou ao extremo de opor-se, diretamente, à tendência "brutalmente destrutiva" do comunismo e de proclamar seu desrespeito supremo e imparcial a todas as lutas de classe. Com pouquíssimas exceções, todas as assim chamadas publicações socialistas e comunistas, que agora (1847) circulam na Alemanha, pertencem ao reino dessa literatura fétida e enervante.

II. Socialismo conservador ou burguês

Uma parte da burguesia deseja compensar injustiças sociais, para assegurar a continuidade da existência da sociedade burguesa.[13] A essa parcela pertencem economistas, filantropos, humanitários, aperfeiçoadores da condição da classe

---

13 A proposta aqui descrita por Marx e Engels ecoa com força na contemporaneidade, quando defensores do capitalismo reconhecem a desumanidade da pobreza extrema e a ameaça da crise climática, mas negam a necessidade de transformar a realidade vigente radicalmente para apresentar soluções verdadeiras. É quando operam discursos sobre amenizar a pobreza, mas normalizar a desigualdade como elemento natural de uma sociedade com esforços diferentes. É quando se fala da impossibilidade de um socialismo revolucionário e que o melhor a se fazer é reformar o sistema atual rumo a um "capitalismo humanizado" [*N. da E.*].

trabalhadora, organizadores de caridade, membros das sociedades para prevenir a crueldade com animais, fanáticos pela temperança, reformadores secretos, pois ilegais, de todos os tipos imagináveis. Além disso, essa forma de socialismo tem tido resultados em sistemas completos. Podemos citar *Miséria da filosofia*, de Proudhon, como um exemplo dessa forma

A burguesia socialista quer todas as vantagens das condições sociais modernas sem as lutas e os perigos que necessariamente resultam disso. Deseja o estado da sociedade existente sem os seus elementos revolucionários e desintegradores. Quer uma burguesia sem um proletariado. O melhor dos mundos, pensa a burguesia, é naturalmente o mundo no qual ela domina. O socialismo burguês desenvolve essa concepção consoladora em vários sistemas mais ou menos completos. Ao requerer que o proletariado leve avante tal sistema e, de tal modo, marche diretamente para a Nova Jerusalém social, requer, na verdade, que o proletariado se conserve dentro dos limites da sociedade existente, porém abandonando todas as suas ideias odiosas em relação à burguesia.

Uma segunda forma desse socialismo mais prática, mas menos sistemática, procurou depreciar todos os movimentos revolucionários aos olhos da classe trabalhadora, mostrando que, não uma mudança política, mas somente uma mudança nas condições de existência materiais, em relações econômicas, poderia lhe ser benéfica. Por mudanças nas condições de existência materiais, essa forma de socialismo entende de modo algum como a abolição das relações de produção burguesas, que só pode ser efetivada somente por vias revolucionárias, mas sim como reformas administrativas baseadas na existência continuada dessas relações; reformas, portanto, que sob nenhum aspecto afetam as relações entre capital e trabalho, mas, na melhor das hipóteses, diminuem o custo e simplificam o trabalho administrativo do governo burguês. O socialismo burguês alcança expressão adequada somente ao tornar-se uma mera figura de linguagem.

Mercado livre: para o benefício da classe trabalhadora. Taxas protetoras: para o benefício da classe trabalhadora. Reforma carcerária: para o benefício da classe trabalhadora. Essa é a última palavra e a única palavra séria do socialismo burguês. O socialismo da burguesia consiste, enfim, na afirmação de que os burgueses são burgueses: para o benefício da classe trabalhadora.

iii. Socialismo e comunismo crítico-utópicos

Aqui não nos referimos àquela literatura que, em toda grande revolução moderna, sempre deu voz às exigências do proletariado, tais como os escritos de Babeuf e outros. As primeiras tentativas do proletariado para alcançar os seus objetivos, feitas em tempos de grandes expectativas, quando a sociedade feudal havia sido derrubada, falharam necessariamente por causa do estado subdesenvolvido do proletariado na época, como também da falta de condições econômicas para a sua emancipação, condições que ainda deveriam e poderiam ser construídas pela era burguesa iminente. A literatura revolucionária que acompanhou esses primeiros movimentos do proletariado tinha, necessariamente, um caráter revolucionário. Incutiu ascetismo universal e nivelamento social na forma mais crua.

Os sistemas socialista e comunista propriamente assim chamados, esses de Saint-Simon, Fourier, Owen e outros, nasceram no início do período subdesenvolvido, descrito anteriormente, da luta entre proletariado e burguesia (veja o capítulo 1 — Burgueses e proletários).

Os fundadores desses sistemas veem, claramente, os antagonismos de classe, como também a ação dos elementos de decomposição na forma da sociedade predominante. Mas o proletariado, ainda em sua infância, oferece-lhes o espetáculo de uma classe sem iniciativa histórica ou movimento político independente.

Como o desenvolvimento do antagonismo de classe acompanha o desenvolvimento da indústria, a situação econômica, como a encontram, ainda não lhes oferece as condições materiais para a emancipação do proletariado. Eles buscam, portanto, uma nova ciência social, novas leis sociais que criarão tais condições.

A ação histórica conduzirá à ação pessoal inventiva; condições de emancipação historicamente criadas levarão a condições fantásticas; e a organização de classe gradual e espontânea do proletariado conduzirá a uma estrutura de sociedade especialmente planejada por esses inventores. A história futura resolve-se, aos olhos deles, na propaganda e na realização prática de seus planos sociais. Na formação de seus planos, estão conscientes de representar principalmente os interesses da classe trabalhadora, por ser essa a classe mais sofredora. Somente por ser a classe mais sofredora, é que o proletariado existe para eles.

O estado subdesenvolvido da luta de classes, como também seu próprio ambiente, leva os socialistas desse tipo a considerar-se muito superiores a todos os antagonismos de classe. Eles querem melhorar a condição de todo o membro da sociedade, até a do mais favorecido. Por isso, normalmente, apelam à sociedade como um todo, sem distinção de classe; mais ainda, de preferência, à classe governante. Basta compreender seu sistema para reconhecer nele o melhor plano possível para a melhor sociedade.

Assim, rejeitam toda ação política e, especialmente, toda ação revolucionária. Desejam alcançar seus objetivos por meios pacíficos e procurar, por meio de pequenos experimentos, necessariamente condenados ao fracasso, e pela força do exemplo, pavimentar o caminho para o novo evangelho social.

Tais quadros fantásticos da sociedade futura, pintados em uma época em que o proletariado ainda está em um estado muito subdesenvolvido, têm só uma concepção fantástica de sua própria posição, que se assemelha aos primeiros anseios dessa classe por uma reconstrução geral da sociedade.

Entretanto, essas publicações socialistas e comunistas contêm, também, um elemento crítico. Atacam todos os princípios da sociedade existente. Por isso, são repletas dos materiais mais valiosos para o esclarecimento da classe trabalhadora. As medidas práticas propostas, tais como a abolição da distinção entre cidade e país, da família, do lucro privado e do sistema de salários; a proclamação da harmonia social; a conversão das funções do Estado em mera superintendência de produção; todas essas propostas apontam somente para o fim dos antagonismos de classe que estavam, naquela época, surgindo e que, nessas publicações, são reconhecidos somente em suas formas indistintas e indefinidas. Essas propostas, portanto, são de um caráter puramente utópico.

O significado do socialismo e do comunismo crítico-utópicos traz uma relação inversa ao desenvolvimento histórico. Na proporção em que a luta de classes moderna se desenvolve e toma a sua forma definitiva, essa posição fantástica de se colocar fora da contenda, esses ataques fantásticos a ela perdem todo o valor prático e todas as justificativas teóricas. Se, por um lado, os criadores desses sistemas são revolucionários, seus discípulos formam, por outro, seitas reacionárias. Seguraram com firmeza as visões originais de seus mestres, em oposição ao desenvolvimento histórico progressivo do proletariado. Eles, portanto, empenham-se, de modo consistente, para enfraquecer a luta de classe e para reconciliar os antagonismos de classe. Ainda sonham com a realização experimental de suas utopias sociais, de fundar *phalanstères* isolados, de fundar "colônias residenciais", de erigir uma "Pequena Icária"[14] — décima segunda edição da Nova Jerusalém —; e, para realizar todos esses castelos no ar, são compelidos a apelar para os sentimentos e bolsas dos burgueses. Gradativamente, eles afundam na categoria de socialistas conservadores reacionários,

---

14 *Phalanstères* eram colônias socialistas, nos planos de Charles Fourier; *Icária* era o nome dado por Cabet à sua Utopia e, mais tarde, para a sua colônia comunista norte-americana [Engels, edição em inglês, 1888].

retratada anteriormente, diferenciando-se desses somente por um pedantismo mais sistemático e por sua crença fanática e supersticiosa nos efeitos milagrosos de sua ciência social. Eles, portanto, opõem-se violentamente a toda ação política por parte da classe trabalhadora. Tal ação, segundo eles, só pode resultar de uma cega falta de fé no Novo Testamento.

Os owenistas, na Inglaterra, e os fourieristas, na França, respectivamente, opuseram-se aos cartistas e aos *Réformistes*.

4. POSIÇÃO DOS COMUNISTAS EM RELAÇÃO AOS VÁRIOS PARTIDOS DE OPOSIÇÃO EXISTENTES

O CAPÍTULO 2 — Proletários e comunistas deixou claro quais as relações dos comunistas com os partidos das classes trabalhadoras existentes, tais como os cartistas na Inglaterra e os da reforma agrária nos Estados Unidos.

Os comunistas lutam para alcançar objetivos imediatos, para dar força aos interesses momentâneos da classe trabalhadora. Mas, no movimento do presente, também representam e cuidam do futuro desse movimento. Na França, os comunistas aliaram-se ao partido socialista-democrático,[15] contra a burguesia conservadora e radical, reservando, contudo, o direito de tomar uma posição crítica quanto às frases e ilusões transmitidas, tradicionalmente, pela grande Revolução.

Na Suíça, apoiam os radicais, sem ignorar que esse partido é composto de bases contraditórias — em parte por socialistas democratas no sentido francês e em parte por burgueses radicais.

---

15 O então chamado partido socialista democrático era representado politicamente por Ledru-Rollin e, literariamente, por Louis-Blanc na França. Ele era muito diferente da atual social-democracia alemã [Engels, edição em inglês, 1888].

Na Polônia, apoiam o partido que insiste em uma revolução agrária como primeira condição para a emancipação nacional. Esse partido fomentou a insurreição da Cracóvia, em 1846.

Na Alemanha, lutam com a burguesia, sempre que ela age de modo revolucionário, contra a monarquia absoluta, o senhorio feudal e a pequena burguesia.

No entanto, não cessa, nem mesmo por um instante, sua tarefa de formar nos trabalhadores uma consciência, tão clara quanto possível, do antagonismo hostil entre burguesia e proletariado, a fim de que os trabalhadores alemães possam voltar suas armas contra a burguesia — armas essas que são as condições políticas e sociais das quais a burguesia necessita para manter o seu domínio — e que assim tenha início imediatamente (após a queda das classes reacionárias na Alemanha) a luta contra a própria burguesia.

Os comunistas voltam sua atenção principalmente para a Alemanha, porque esse país está às vésperas de uma revolução burguesa, que deve ser levada à frente sob condições mais avançadas da civilização europeia e com um proletariado muito mais desenvolvido que o da Inglaterra no século XVII e o da França no século XVIII. E porque a revolução burguesa na Alemanha será somente um prelúdio para uma imediata revolução proletária.

Em resumo, os comunistas de toda a parte apoiam todos os movimentos revolucionários contra a ordem social e política das coisas existentes. Em todos esses movimentos, eles destacam a questão do capital e da propriedade, não importando o seu grau de desenvolvimento na época.

Finalmente, os comunistas trabalham por toda a parte para a união e o entendimento entre os partidos democráticos de todos os países.

Os comunistas rejeitam a ocultação de suas perspectivas e intenções. Abertamente, declaram que seus fins só podem ser atingidos pela derrubada violenta de todas as condições sociais existentes. Que a classe governante trema diante da revolução comunista. Os proletários nada têm a perder a não ser seus grilhões. Têm um mundo a ganhar.

PROLETÁRIOS DE TODOS OS PAÍSES, UNI-VOS!

*O texto deste livro foi composto em
Adobe Garamond Pro, em corpo 12/15,7.*

*A impressão se deu sobre papel off-white
pelo Sistema Cameron da Divisão Gráfica
da Distribuidora Record.*